BEI GRIN MACHT SICH IHR WISSEN BEZAHLT

- Wir veröffentlichen Ihre Hausarbeit, Bachelor- und Masterarbeit

- Ihr eigenes eBook und Buch - weltweit in allen wichtigen Shops

- Verdienen Sie an jedem Verkauf

Jetzt bei www.GRIN.com hochladen und kostenlos publizieren

Bibliografische Information der Deutschen Nationalbibliothek:

Die Deutsche Bibliothek verzeichnet diese Publikation in der Deutschen Nationalbibliografie; detaillierte bibliografische Daten sind im Internet über http://dnb.d-nb.de/ abrufbar.

Dieses Werk sowie alle darin enthaltenen einzelnen Beiträge und Abbildungen sind urheberrechtlich geschützt. Jede Verwertung, die nicht ausdrücklich vom Urheberrechtsschutz zugelassen ist, bedarf der vorherigen Zustimmung des Verlages. Das gilt insbesondere für Vervielfältigungen, Bearbeitungen, Übersetzungen, Mikroverfilmungen, Auswertungen durch Datenbanken und für die Einspeicherung und Verarbeitung in elektronische Systeme. Alle Rechte, auch die des auszugsweisen Nachdrucks, der fotomechanischen Wiedergabe (einschließlich Mikrokopie) sowie der Auswertung durch Datenbanken oder ähnliche Einrichtungen, vorbehalten.

Impressum:

Copyright © 2013 GRIN Verlag
Druck und Bindung: Books on Demand GmbH, Norderstedt Germany
ISBN: 9783668738775

Dieses Buch bei GRIN:

https://www.grin.com/document/428977

Patrycia Gellert

Verschiedene Einflussfaktoren des moralische Urteilen

GRIN Verlag

GRIN - Your knowledge has value

Der GRIN Verlag publiziert seit 1998 wissenschaftliche Arbeiten von Studenten, Hochschullehrern und anderen Akademikern als eBook und gedrucktes Buch. Die Verlagswebsite www.grin.com ist die ideale Plattform zur Veröffentlichung von Hausarbeiten, Abschlussarbeiten, wissenschaftlichen Aufsätzen, Dissertationen und Fachbüchern.

Besuchen Sie uns im Internet:

http://www.grin.com/

http://www.facebook.com/grincom

http://www.twitter.com/grin_com

Das moralische Urteilen

Einflussfaktoren

Inhaltsverzeichnis

1 Einleitung..S. 1
  2 Hauptteil..S. 2
  2.1 Vorstellung beider verwendeter Studien...S. 2
  2.2 Verlauf der 1. Studie...S. 3
  2.3 Verlauf der 2. Studie...S. 4
3 Ergebnis beruhend auf dem Vergleich beider Studien..S. 6
4 Fazit..S. 6
5 Reflexion..S. 7
6Literaturvereichnis…………………………………………………………..………S. 8

1 Einleitung

Vor allem aber hängt sie von der kulturellen Gesellschaft ab, in der man lebt. Moral macht die Summe der Werte und Vorstellungen aus, die die Mehrheit einer Gesellschaft mit bestimmtem kulturellen Hintergrund als richtig versteht. Dies variiert von Land zu Land, von Kultur zu Kultur, teilweise extrem. Das moralische Verständnis wird dem Menschen von Geburt an anerzogen und verläuft in einem aufeinander aufbauenden Prozess. Das Kind wird von unterschiedlichsten Einflüssen geprägt, wobei das Elternhaus und das nahe soziale Umfeld, wie beispielsweise Kindergarten oder Schule, von höchster Bedeutsamkeit sind. Im Verhalten der Menschen des nächsten Umfeldes nämlich spiegeln sich die Werte der Kultur, die aktuelle soziale Schichtzugehörigkeit oder die Rassenidentität wider, die sich das Kind aneignet. Der Erwachsene kann folglich als Vorbild dienen und als Beispiel für gelebte Werte angesehen werden. Die Moral, die ihre Etymologie im Lateinischen hat (*moralis* = die Sitte betreffend; lat: *mos, mores* Sitte, Sitten) spielt in der Gesellschaft eine unerlässliche Rolle. Sie bezeichnet bestimmte Handlungsmuster, welche auch als ungeschriebene Handlungsregeln -oder Gesetze verstanden werden können. Sie beschreibt somit die „Gesamtheit von ethisch-sittlichen Normen, Grundsätzen, wie auch Werten, die das zwischenmenschliche Verhalten einer Gesellschaft regulieren [und] die von ihr als verbindlich akzeptiert werden" (Duden, 02.08.2013). Wonach jedoch soll der Mensch sein Verhalten richten? Was ist moralisch vertretbar und was nicht? Wo hat die Moral ihren Ursprung?

In früheren Zeiten richteten sich die Menschen oft nach der Bibel, um zu wissen, welches Verhalten in der Allgemeinheit vertretbar und akzeptabel war. Im Zuge der Aufklärung und seit Immanuel Kant allerdings begannen die Menschen, sich mehr auf ihren Verstand zu verlassen als auf Gottes Wort.

Oft hat die Moral ihren Ursprung in negativen Empfindungen wie beispielsweise Angst, Hass, Ekel oder Abneigung. Sie kann demzufolge nicht nur auf die Gesellschaft bezogen werden, sondern auch auf die Taten eines bestimmten Individuums.

Der Entwicklungspsychologe Lawrence Kohlberg beschreibt die Entwicklung des moralischen Urteilsvermögens in einem verflochtenen sechsstufigen Modell, das weit in das Erwachsenenalter hineinreicht. Dabei werden die letzten, höchsten Moralstufen nur von den wenigsten Menschen erreicht. Viele Untersuchungen haben bis heute ergeben, dass bereits Kinder im Kindergartenalter über moralisches Urteilsvermögen verfügen. Aus eigener Erfahrung weiß man beispielsweise, dass Kinder mit Stehlen Negatives assoziieren und man dies 'nicht darf'. Das Kind geht davon aus, da dies gesellschaftlich, normativ festgelegt ist. Wissen um Normen ist demgemäß schon relativ früh, wenn auch nur defizitär vorhanden, denn Kinder sind nicht fähig, im jüngsten Alter von vornherein in jeder Situation angemessen zu handeln, da ihnen nötige Entwicklungsschritte fehlen, die im weiteren Leben noch durchlaufen werden müssen.

2 Hauptteil

2.1 Vorstellung beider verwendeter Studien

Gegenstand meiner Ausarbeitung dieses Themas ist das moralische Urteilen und Verhalten in Bezug auf Kinder, im Alter von vier bis sechzehn Jahren. Ich habe mich für dieses Thema entschieden, da es meiner Meinung nach sehr interessant ist zu sehen, ob Kinder jungen Alters schon über differenziertes moralisches Verständnis verfügen. Hierzu ziehe ich zwei Studien heran, die mit unterschiedlichen Herangehensweisen das moralische Urteilsvermögen von Kindern untersuchen.

Die erste Studie, durchgeführt von Heinz Wimmer, Silvia Gruber (Universität von Salzburg) und Josef Perner (Universität von Sussex), thematisiert die kindliche Auffassung von Lügen und beschreibt das Erfassen der Moral in diesem Zusammenhang. Grundlage hierbei ist *Piagets* Feststellung, dass schon die jüngsten Kinder das Lügen sehr negativ verstehen ("lying is 'saying naughty thinks you oughtn't to say'") (Wimmer, Gruber, Perner, 1985, S. 993).

Analysiert werden Kinder zwischen vier und fünf Jahren. Ihnen werden Geschichten erzählt, in denen die Hauptfigur, trotz der Intention wahrheitsgemäß zu kommunizieren, versehentlich etwas Falsches von sich gibt, da sie sich selbst zuvor irrt. Die Kinder werden aufgefordert, zu entscheiden, ob diese Figur für ihre falsche Aussage belohnt oder bestraft werden sollte und ob sie gelogen hatte oder nicht. Das Ergebnis zeigt, dass die Mehrheit Kinder das Verhalten der Hauptfigur nicht negativ bewertet. Dies bringt zum Ausdruck, dass die moralische Einschätzung der Kinder ziemlich fortschrittlich ist.

In der zweiten Studie, durchgeführt von Refia Ugurel-Semin (Universität von Istanbul) wird das moralische Verhalten und Urteilen von Kindern auf bestimmte Lebensaspekte untersucht. Auch hier bietet *Piaget* die Basis. Er führte die tiefgründigste Studie bezüglich moralischen Urteilsvermögens des Kindes durch, in der er bestrebte, das Konzept der moralischen Regeln des Kindes zu durchschauen (Ugurel-Semin, 1951, S. 463). Er stellte die Behauptung auf, dass das Kind moralisches Urteilen viel früher aktiv als sprachlich demonstrieren würde.

Gegenstand dieser Untersuchung ist ein Versuch, bei dem Kinder zwischen vier und sechzehn Jahren eine ungerade Anzahl an Nüssen gerecht unter sich und einem Partner B aufteilen müssen. Es stellt sich heraus, dass der Egoismus im Alter von vier bis sechs Jahren seinen Höhepunkt hat, was bedeutet, dass moralische Urteilskraft in dem Alter noch ziemlich schwach vorhanden ist. Im Alter von circa acht Jahren überwiegt die Großzügigkeit.

Mit Hilfe dieser beider Studien möchte ich darlegen, dass Kinder in jungen Jahren über ein detailliertes Moralverständnis verfügen und zu moralischem Handeln fähig sind, ihnen jedoch aufgrund ihrer unzureichenden kognitiven Entwicklung Grenzen gesetzt sind.

2.2 Verlauf der 1. Studie

Testpersonen sind 71 viereinhalb jährige Kinder und 55 fünfeinhalb jährige Kinder unterschiedlicher Kindergärten in Salzburg in dieser Studie. Es werden vier Geschichten mit jeweils der selben Handlung erzählt. Die Hauptfigur beabsichtigt ein bestimmtes Objekt (Schokolade bzw. Bilderbuch) an einem bestimmten Ort zu finden. Bevor sie dies tut, erscheint eine zweite Figur, die ebenfalls nach dem Ort dieses Objektes sucht und die Hauptfigur danach fragt. Die Hauptfigur informiert die zweite Figur jedoch unbeabsichtigt aus eigenem Irrtum heraus falsch. Die Zweitfigur folgt der Anweisung der Hauptfigur, findet dieses Objekt an dem vorgeschriebenen Ort nicht und ist traurig.

Daraufhin werden den Kindern zwei Fragen gestellt:

1. **Lexikalische** Frage: „Hat die Hauptfigur die Zweitfigur angelogen oder nicht?"
2. **Moralische** Frage: „Was würdet ihr der Hauptfigur geben? Einen goldenen Stern, da sie nett zu der zweiten Figur war oder einen schwarzen Punkt, da sie gemein zu ihr war?" (Wimmer, Gruper, Perner, 1985, S. 994)

Die vier Geschichten unterscheiden sich in Bezug auf den Handlungsort, die Charaktere, sowie das Objekt. Des Weiteren gibt es für jede der erzählten Geschichten zwei verschiedene Ursprünge des Irrglaubens der Hauptfigur. Einerseits wird der Irrtum der Hauptfigur durch die Lüge einer anderen Person verursacht, genannt "intentional origin" (ebd.), auf der anderen Seite kommt der Irrtum dadurch zu Stande, dass das Objekt unerwartet versetzt wurde, bezeichnet als "situational origin" (ebd.). Der einen Hälfte der Kinder wird zunächst die lexikalische und danach die moralische Frage gestellt, der anderen Hälfte erst die moralische und danach die lexikalische. Die Art der Geschichte (Schokoladen- bzw. Bilderbuchgeschichte) und der Ursprung des Irrtums (intentional oder situational) werden mit der Fragenreihenfolge (lexikalisch-moralisch oder moralisch-lexikalisch) ausgeglichen. Nur die Kinder, die verstehen, dass die Hauptfigur eine falsche Vermutung hatte, können verstehen, dass seine ehrliche Absicht versehentlich zu einer falschen Aussage führte. Genau diese Kinder werden ausgewählt, um eine adäquate Interpretation über ihr moralisches beziehungsweise lexikalisches Urteilen zu machen. Der Unterschied zwischen dem moralischen Urteilen der Kinder in den unterschiedlichen Fragereihenfolgen zeigt, dass zwei unterschiedliche Quellen des moralischen Urteilens agieren. Die eine Quelle basiert auf subjektivem moralischen Urteilsvermögen, resultierend aus der moralisch-lexikalischen Fragenreihenfolge. Hier stützt sich das Urteilen auf die ehrliche Absicht der Hauptfigur, nicht auf die Falschheit seiner Aussage. In der umgekehrten Fragenreihenfolge, lexikalisch vor moralisch, ergibt sich, dass, wenn Kinder eine Figur erstmal als Lügner wahrnehmen, ihr negatives Moralverständnis des Lügens an sich einen totalen Widerspruch zu ihrem subjektiven moralischen Urteilsvermögens formt. Dies zeigt, dass das Wort oder die Aktion des Lügens eine absolut negative Assoziation innehält, die das subjektive moralische Urteilen der Kinder beeinflusst. Bleibt man allerdings bei der moralisch-lexikalischen

Reihenfolge, zeigt das Ergebnis der Studie deutlich, dass die Mehrheit der Kinder (71%) auf der Seite der Hauptfigur der Geschichte steht und sie für ihre Freundlichkeit gegenüber der Zweitfigur belohnen anstatt bestrafen würde. Dieses Verhalten, basierend auf moralischem Urteilsvermögen, beweist, dass Kinder schon in sehr jungen Jahren fähig sind, subjektive, moralisch korrekte Urteile zu fällen (Wimmer, Gruber, Perner, 1985, S. 994, 995).

2.3 Verlauf der 2. Studie

Die zweite Studie thematisiert die Moralentwicklung in Bezug auf Großzügigkeit (Ugurel-Semin, 1951, S. 463). Hierbei wird auf Aspekte wie das Alter, das Geschlecht, die soziale Schicht, sowie familiäre Verhältnisse geachtet und es wird der Zusammenhang zwischen moralischem Verhalten und Urteilen erläutert.

Begonnen wurde die Studie bereits im Jahre 1942. 291 Kinder zwischen vier und sechzehn Jahren aus Kindergärten und Grundschulen in Istanbul sind Versuchsobjekte. In jeder Versuchsreihe werden jeweils zwei Kinder (A und B) in einen separaten Raum zu einem Experimentator geführt, wo beispielsweise neun Nüsse auf einem Tisch platziert waren. B wird aufgefordert, den Raum zu verlassen und erst wieder hineingerufen, als A gefragt wurde, wie er beim Teilen dieser Nüsse verfahren würde. Vor B wird A dann weiterhin ausgefragt. A antwortet, dass er die Nüsse gerecht teilen könnte, wenn eine Nuss ausgelassen würde: "There are four for me and four for him, if I leave this one out" (Ugurel-Semin, 1951, S. 464). Als A aber aufgefordert wird, alle Nüsse zu verwenden und die eine, entscheidende Nuss willkürlich zuzuordnen, behält A sie letztendlich zögerlich für sich. Einige Kinder benötigen bis zu zehn Minuten, um ihr Urteil über eine gelungene Teilung zu fällen, andere teilen sie gleich auf und beten den Experimentator die übrige Nuss zu behalten. Das Resultat der Studie ergibt, dass nur 14% der Kinder als egoistisch eingestuft werden können, indem sie mehr Nüsse ein behielten, als sie vergaben, wohingegen 42 % der Kinder großzügig sind oder gleichermaßen teilen (41 %).

Hinsichtlich moralischen Verhaltens in Bezug auf das Alter lässt sich sagen, dass sich die egoistische Tendenz mit der Reife, beziehungsweise zunehmendem Alter verringert. Zwischen vier und sechs Jahren scheint der Egoismus seinen Gipfel zu erreichen (66-67 %), bis zum Alter von zwölf Jahren fällt er deutlich ab und entfällt letztendlich gänzlich. Die Großzügigkeit steigt nach dem fünften oder sechsten Lebensjahr und erreicht 63 % bei sieben oder acht Jahren. Ab diesem Alter schwankt sie. Die Tendenz eine gleiche Menge an Nüssen zu vergeben entwickelt sich zunehmend bis elf oder zwölf Jahren, wo sie 68 % erreicht. In diesem Alter wird das moralische Verhalten von Kindern von Konzepten der Gerechtigkeit und Gutmütigkeit geformt. Das Kind basiert seine Urteile auf bestimmten Regeln, gemeinschaftlichen Idealen der Gesellschaft, in der es lebt und Konzepten der Gutmütigkeit und Liebe (Ugurel-Semin, 1951, S. 464, 465). Bezüglich des *Geschlechts* können keine Differenzen festgestellt werden. Die soziale Schichtzugehörigkeit betreffend wird festgestellt, dass sich ärmere Kinder genauso oft großzügig verhalten haben, wie Kinder aus reicheren Verhältnissen, sie allerdings öfter gerecht seltener egoistisch sind. In Anlehnung an die familiären Verhältnisse folgt, dass Kinder aus kinderreicheren Familien ein wenig großzügiger sind als Einzelkinder. Dies betrifft auch das gleichmäßige Teilen. Großzügigkeit wird demnach nicht nur von einer Mitgliedschaft innerhalb einer größeren Familie, sondern auch vom sozialen Status der Familie beeinflusst.

Folglich lässt sich bei dieser Studie der Schluss ziehen, dass das moralische Verhalten deutlich vom Alter, den sozialen Bedingungen, unter denen das Kind aufwächst und der Anzahl der Geschwister bestimmt wird (Ugurel-Semin, 1951, S. 466). Doch in welcher Weise ist moralisches Verhalten mit moralischem Urteilen verbunden? Unter den Kindern, die gleichermaßen teilen und großzügig sind kann eine Einheitlichkeit zwischen moralischer Handlungsweise und moralischem Urteilen festgestellt werden. Die egozentrischen Kinder werden in vier Gruppen eingeteilt: 1. Völlig egoistisch; 2. Verankerung in zahlenmäßiger Perspektive ("If you abstract 4 from 9, there are 5 for me"); 3. Verwirrung in der Anschauungsweise (das Kind kann den Blickwinkel des Kindes gegenüber nicht nachvollziehen: "He isn't saying anything [...]. It means he doesn't want [the nut]"); 4. soziomoralische Grundsätze entgegen der gewöhnlichen Nutzung angewandt (Regeln, die selbstloses Verhalten anordnen wurden für einen egoistischen Zweck angewandt) (Ugurel-Semin, 1951, S. 467). Die Kinder, die Egoismus ablehnend gegenüber stehen, werden folglich kategorisiert: 1. Sie wissen, dass es nicht gut ist, mehr Nüsse für sich einzubehalten, können aber keinen Grund dafür nennen; 2. Kinder, die mehr Nüsse für sich beanspruchen, wissen, dass es unfair ist und dass sie ihrem Gegenüber eigentlich die selbe Menge an Nüssen geben sollten, es aufgrund der ungeraden Anzahl allerdings nicht funktioniert und sie deshalb bei ihrem Entschluss verbleiben, 3. Anerkennung bestimmter moralischer Regeln (das Kind weiß, dass es weniger Nüsse für sich behalten und mehr abgeben soll, da es sich so gehört, behält allerdings trotzdem mehr). Hier zeigt sich ein deutlicher Verlauf, in dem die Kinder die Regeln ganz bewusst einseitig respektieren. Diejenigen hingegen, die evidenten Egoismus aufweisen, zeigen eine Unfähigkeit des Urteilen innerhalb einer moralischen Situation angesichts des Blickwinkels anderer (Ugurel-Semin, 1951, S. 468). Der gemeinsame Faktor beider Gruppen ist eine egozentrische Tendenz, die das Verhalten eines Menschen bestimmt.

3 Ergebnis beruhend auf dem Vergleich beider Studien

Vergleicht man nun beide Studien, kommt man zu dem Resümee, dass die Annahme, Kinder seien schon ziemlich früh, circa im Alter ab fünf Jahren, fähig, moralisch faire und angemessene Entscheidungen zu treffen, bestätigt ist. Sehr früh schon weisen sie prosoziale Verhaltensweisen auf. Die zweite Studie legt dar, dass die absolute Mehrheit der Kinder in ihrer Gesamtheit entweder egalitär oder großzügig ist, beides zusammen beträgt beachtliche 86%. Schon ab dem fünften Lebensjahr ist die Großzügigkeit eindeutig erkennbar. Daraus folgt, dass sie über abstrahiertes, moralisches Urteilsvermögen verfügen. Natürlich spielen dabei, wie zuvor schon erwähnt, das Alter, soziale Bedingungen und familiäre Verhältnisse eine gewichtige Rolle. Die Kinder sind sich über grundlegende moralische Regeln absolut im Klaren, kennen allgemeingültige Grundsätze wie beispielsweise "You give more to your friend" (Ugurel-Semin, 1951, S. 470), handeln allerdings nicht unbedingt immer nach ihnen. Dies kann damit begründet werden, dass sie beispielsweise einen eigenen Vorteil aus der Situation ziehen möchten. Studie eins hingegen, die sich mit der Einschätzung von Lügen beschäftigt, zeigt eindeutig, dass der Großteil von Kindern in sehr jungen Jahren (4-5 Jahre) Missverständnisse von Lügen unterscheiden kann. Sie erkennen den Unterschied zwischen gut und schlecht, angemessen und unangemessen. Dies zeugt auf einem fortgeschrittenen Abstraktionsvermögen und beweist, dass Kinder durchaus sehr früh moralische Urteilskraft innehaben.

4 Fazit

Die Verläufe sowie Ergebnisse beider herangezogener Studien sind nachvollziehbar strukturiert und durchgeführt worden und bilden eine angemessene Grundlage, moralisches Urteilsvermögen von Kindern festzustellen. Beide Tests unterstützen die Behauptung, dass Kinder schon beachtlich früh über moralisches Urteilsvermögen verfügen, obzwar es selbstverständlich noch ausbaufähig ist. Konventionelle Werte wie Großzügigkeit und Fairness (Studie 2) und Einschätzungsvermögen (Studie 1) werden erkannt und bewusst angewandt, beziehungsweise bewusst ignoriert (Bsp. egoistische Handlungen, um sich eigene Vorteile zu verschaffen).

Obwohl beide Studien ziemlich alt sind (Studie 1: 1985; Studie 2: 1952), können sie sehr wohl in der heutigen Zeit noch als relevant angesehen werden. Es handelt sich um die Überprüfung ganz typischer Verhaltensmuster von Kindern, die es ewig gibt und die sich voraussichtlich nie ändern werden. Die Ergebnisse dieser Versuche können somit, meiner Meinung nach, nicht veralten. Der Versuchsverlauf ist, sowohl in Studie 1, als auch in Studie 2, ganz klar und durchsichtig und weist keinerlei außergewöhnlichen Methoden auf, die heutzutage nicht mehr angemessen oder veraltet wären.

5 Reflexion

Abschließend erläutere ich die Relevanz von alten Studien in der heutigen Zeit und die Problematik in der Forschung hinsichtlich älterer Studien.

Die von mir herangezogenen, fraglos alten Studien, können von hoher Bedeutung für die heutige Forschung und Praxis sein, da sie nämlich eine Grundlage basierend auf charakteristischen und wesentlichen Verhaltensmustern von Kindern liefern. Kinder sind als Zukunft der Gesellschaft anzusehen und besonders Erkenntnisse über erstmalig auftauchende moralische Handlungen sind für die Forschung von hohem Interesse. Die Studien bieten fundamentale Ergebnisse über die Moralentwicklung des Kindes und können eine gute Basis für nachfolgende, ausführlichere oder detailliertere Studien darstellen. Heutige Studien werden aufgrund der bisher erlangten Erkenntnisse sicherlich spezieller und problembezogener hinsichtlich aktueller politischer, gesellschaftlicher oder familiärer Probleme sein. Die Allgemeinheit befindet sich in einem stetigen Wandel und somit auch die Wertevorstellungen. Eine Veränderung der Moral und ihrer Entwicklung wird sich beispielsweise im Hinblick auf die große Wirtschaftskrise zweifellos feststellen lassen können. Das Moralverständnis ändert sich somit aufgrund der Lebensumstände, denen die Menschen unterworfen sind, konstant.

Würden sich Wissenschaftler nur auf alte Studien stützen, gäbe es eine Stagnation, die den Fortschritt der Forschung verhindern würde. Versuchsmethoden und Studien müssen sich zugunsten des wissenschaftlichen Progresses weiterentwickeln und an aktuellen Lebensbedingungen oder Sachverhalten anknüpfen.

6 Literaturverzeichnis

- Duden: http://www.duden.de/suchen/dudenonline/moral [01.08.2013]

- Ugurel- Semin, R. (1951). Moral Behavior and Moral Judgement of Children. *The Journal of Abnormal and Social Psychology, 47*, 463-474.

- Wimmer, H., Gruber, S. & Perner, J. (1985). Young Children's Conception of Lying: Moral Intuition and the Denotation and Connotation of "to Lie". *Developmental Psychology, 21 (6)*, 993-995.

BEI GRIN MACHT SICH IHR WISSEN BEZAHLT

- Wir veröffentlichen Ihre Hausarbeit, Bachelor- und Masterarbeit

- Ihr eigenes eBook und Buch - weltweit in allen wichtigen Shops

- Verdienen Sie an jedem Verkauf

Jetzt bei www.GRIN.com hochladen und kostenlos publizieren